W0352158

Bibliografische Information der Deutschen Bibliothek
Die Deutsche Bibliothek verzeichnet diese Publikation in der Deutschen Nationalbibliografie; detaillierte bibliografische Daten sind im Internet über http://dnb.ddb.de abrufbar.

Das Wort **Duden** ist für den Verlag Bibliographisches Institut & F. A. Brockhaus AG als Marke geschützt.

Alle Rechte vorbehalten.
Nachdruck, auch auszugsweise, verboten.
© Bibliographisches Institut & F. A. Brockhaus AG, Mannheim 2005
D C B A
Redaktionelle Leitung: Katja Schüler, Eva Schill
Lektorat: Sophia Marzolff
Herstellung: Claudia Rönsch
Layout: Michelle Vollmer, Mainz
Satz: Cornelia Rößler, Mainz
Umschlaggestaltung: Mischa Acker
Druck und Bindung: sachsendruck GmbH, Plauen
Printed in Germany
ISBN 3-411-70785-2

Lesedetektive

Nuri und die Ziegenfüße

Hanneliese Schulze
mit Bildern von Christiane Hansen

Dudenverlag
Mannheim · Leipzig · Wien · Zürich

Nuri ist ein ganz Netter.
Alle in der Klasse
mögen ihn.

Er kann schon auswendig
JAGUAR schreiben,
denn sein Vater fährt einen.
Darauf ist Nuri sehr stolz.

1. Fall:
Welches Wort kann Nuri schon schreiben?

JAGOAR

Auch Merle mag ihn.
Aber Nuri weiß nichts davon.
In den Pausen spielt er immer
mit anderen Jungen Fußball.

JAGUAR

JARUAG

Eines Tages
sagt die Lehrerin zu Nuri:
„Nuri, du hast
mal wieder Ziegenfüße!“

„Was habe ich?“, fragt Nuri.
„Meine Füße sind doch
in Ordnung.“
Er sieht sie sich genau an.

„Das sind sie auch“,
lacht die Lehrerin.
„Aber guck mal
deine Schuhe an.“

„Meine Schuhe sind ganz neu,
mit Blinkern überall.
Da, siehst du!“, ruft Nuri.

Er geht mit großen Schritten
im Kreis herum.
Die Schuhe blinken
rot, gelb und grün.

„Die sehen eher aus
wie eine Ampel!“,
ruft Lisa.

„Oder wie Entenfüße
mit Beleuchtung“,
kichert Kati.

„Nee, ich weiß:
wie Elefantenfüße!“,
lacht Ina.

„Vielleicht stinken sie ja auch nach Ziegenkäse!“, ruft Dennis albern.

2. Fall:
Dennis findet, Ziegenfüße stinken nach

☐

Zwiebelkäse.

Er hält sich
die Nase zu
und tanzt durch die Klasse.

Ziegenfutter.

Ziegenkäse.

Merle ärgert das.
„Hört auf!“, ruft sie
und läuft zu Nuris Platz.

Ritsch, ratsch, reißt sie die Klettverschlüsse auf und zieht Nuri die Schuhe von den Füßen.

„He, was soll das?“, ruft Nuri.
„Guck, so ...“, sagt Merle
und zieht ihm die Schuhe
richtig herum wieder an.

Dann geht sie zurück
und lässt sich
auf ihren Stuhl fallen.

Nuri guckt verdutzt
auf seine Füße.
Für ihn sehen die Schuhe
genauso aus wie vorher.

„Na, wenn du meinst“,
sagt er leise. „Hauptsache,
die Blinker gehen noch.“

Am nächsten Morgen
hat Nuri wieder Ziegenfüße.
Merle stupst ihn an
und flüstert: „Andersherum!“

Nach dem Sport
hat er Ziegenfüße.
Und nach der Geschichte
auf dem Leseteppich auch.

Immer zieht er seine Schuhe
falsch herum an.
Den rechten Schuh
an den linken Fuß.

Und den linken Schuh
an den rechten Fuß.
Er gibt sich wirklich Mühe.
Aber es ist immer verkehrt.

Da hat Merle eine Idee:
Sie holt einen roten Filzstift
aus ihrer Tasche.

3. Fall:
Wohin malt Merle das rote Herz?
Sie malt es auf den

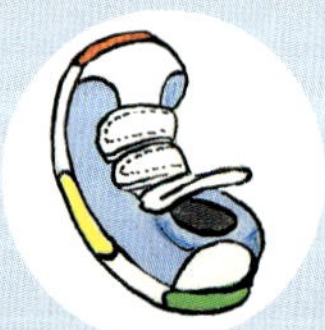

linken Schuh.

Damit malt sie Nuri
ein kleines rotes Herz
auf den linken Schuh.
Genau neben den Blinker.

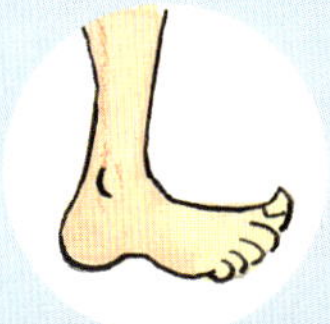

rechten Fuß.

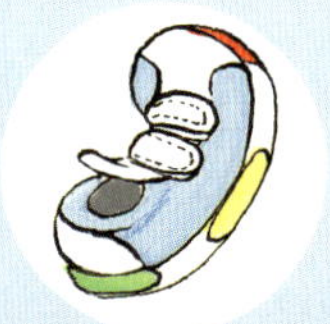

rechten Schuh.

Und eines
auf seine linke Hand.
„Kapiert?“, fragt sie.

Nuri guckt sich die Herzen
eine Weile an.
„Ja, jetzt ist es ganz leicht“,
lacht er.

Er nimmt ein leeres Blatt
und schreibt
mit großen Buchstaben
JAGUAR darauf.

Und ganz klein kritzelt er:

FÜR MERLE

„Das ist für dich“, sagt Nuri

und schenkt es ihr.

Was sagst du dazu?

Weißt du, wie richtige Ziegenfüße aussehen?

Schreibe deine Idee dazu auf und schicke sie uns!
Als Dankeschön verlosen wir unter den Einsendern zweimal jährlich tolle Buchpreise aus unserem aktuellen Programm!

Gefunden!
Knote den Streifen einfach
an das Lesebändchen an
und fertig ist dein Lösungsschlüssel
für die Detektivfälle!
Nur bei der richtigen Antwort
passt das abgedruckte Symbol genau
in das entsprechende Schlüsselloch.